Roland Rauter

Vegane Pausensnacks

für Groß und Klein

Schirner
Verlag

Vegan to go!

ISBN 978-3-8434-5071-3

Roland Rauter
Vegane Pausensnacks
für Groß und Klein

© 2013 Schirner Verlag, Darmstadt

Umschlag & Satz: Silja Bernspitz, Schirner
Fotografien: Alexandra Schubert
Redaktion: Katja Hiller, Schirner
Printed by: Ren Medien GmbH, Germany

www.schirner.com

3. Auflage Mai 2015

Außer Haus vegan zu essen ist in vielen Regionen immer noch eine echte Herausforderung. Nicht, dass man nicht fast überall eine Pizza ohne Käse oder Nudeln mit Tomatensauce bekommt, aber das ist mir – und vermutlich auch Ihnen – auf Dauer doch einfach zu wenig. Wer vegan lebt und regelmäßig unterwegs essen muss, weiß, dass es nicht leicht ist, etwas anderes als trockene Brötchen oder Obst zu finden.

Dieses kleine Rezeptbüchlein soll ein wenig Abhilfe schaffen und Ihnen zeigen, wie unkompliziert es ist, schnell eine leckere und abwechslungsreiche Brotzeit fürs Büro, für die Uni, die Schule oder auch für den Rucksack zuzubereiten. Grundsätzlich können Sie auf vorgefertigte Produkte zurückgreifen, aber vielleicht schaffen Sie es das eine oder andere Mal, die Brötchen, den Hefeteig oder den Frischkäse selbst herzustellen. Glauben Sie mir, es schmeckt einfach besser.

Viele Snacks, z.B. Radieschenkracher oder gefüllte Pfannkuchen, sind auch als Pausenbrot für Kinder bestens geeignet. Diese Rezepte finden Sie leicht, sie sind mit einem kleinen Symbol versehen. Lassen Sie sich hier besonders beim Anrich-

ten inspirieren. Kinder lieben es, wenn ihr Essen mit Liebe und Fantasie dekoriert ist.

Ich wünsche Ihnen viel Freude beim Ausprobieren. Wandeln Sie die Rezepte nach Herzenslust ab, probieren Sie aus, und kreieren Sie mit den Ideen aus meinem Buch selbst Neues. Sie werden sehen, es gibt unzählige Möglichkeiten, Ihr Lunchpaket fürs Büro oder das Pausenbrot für Schulkinder bunt und abwechslungsreich zu gestalten.

Einige Hinweise zum Verpacken

Für alle, die Ihr Essen zur Arbeit mitnehmen, stellt sich die Frage: Wie bekomme ich das Sandwich oder den Salat so verpackt, dass alles auch Stunden später noch lecker aussieht und nicht labbrig geworden ist? Ich verwende am liebsten die aus Japan stammende Bentobox. Mit ihr lassen sich verschiedene Speisen, durch Schieber getrennt, in einer Box verpacken. Es gibt sie in vielen verschiedenen Ausführungen, auch Kinder lieben diese bunten Dosen.

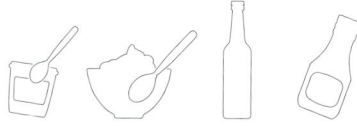

Bei der Wahl Ihrer Jausenbox sollten Sie vor allem darauf achten, dass sie sich sehr leicht reinigen lässt. Ich bin zwar kein großer Fan von Plastik, aber hier ist es gegenüber anderen Materialien eindeutig im Vorteil. Es ist leicht, nahezu unzerbrechlich, sehr leicht zu reinigen und auch nach längerem Gebrauch noch hygienisch einwandfrei. Eine gute Alternative sind Brotdosen aus Edelstahl.

Zum Verpacken von Broten eignen sich am besten Frischhaltefolie und Butterbrotpapier. Üppiger belegte Brötchen wickeln Sie in Frischhaltefolie ein, für einfache Sandwiches ist Butterbrotpapier ideal. Es empfiehlt sich, Salate und Dressings immer getrennt voneinander mitzunehmen. Für die Saucen greife ich z.B. zu kleinen Marmeladengläsern. Größere Gläser eignen sich auch zum Transportieren von Suppen.

Ihr Roland Rauter

Antipasti in Brotdosen füllen
und mit frisch geschnittenem
Basilikum bestreuen.
Dazu passt Weißbrot sehr gut.

Antipasti

150 ml Olivenöl
60 g Brokkoli
60 g Karotte
60 g Aubergine   5 EL Balsamicoessig
60 g Zucchino   Saft von 1 Zitrone
60 g grüne Bohnen   1 Bund Basilikum
60 g Paprika   Salz und Pfeffer
60 g Kräuterseitlinge   aus der Mühle

Brokkoli in kleine Röschen teilen, in Salzwasser bissfest garen, dann kalt abschrecken. Karotten in Streifen schneiden und in Salzwasser garen. Bohnen putzen, ebenfalls in Salzwasser garen und in kaltem Wasser abschrecken. Gemüse mit Zitronensaft, etwas Olivenöl, Salz und Pfeffer würzen. Auberginen und Zucchino in ca. 5 mm dünne Scheiben schneiden. Kräuterseitlinge je nach Größe vierteln oder halbieren. Paprika vierteln und Kerngehäuse entfernen. 4–5 EL Olivenöl in einer Pfanne erhitzen und Auberginen, Zucchini, Paprika und Pilze darin von beiden Seiten anbraten. Mit Salz und Pfeffer würzen.
Alle Gemüsesorten in eine Auflaufform schichten, mit Balsamico und restlichem Olivenöl beträufeln und im Kühlschrank über Nacht ziehen lassen.

ZUBEREITUNGSZEIT: CA. 20 MIN. / ZIEHZEIT: CA. 12 STUNDEN

Apfel-Tofu-Aufstrich

mit Radieschen im Vollkornbrot

200 g Tofu
1 Apfel
40 g rote Paprika
40 g zimmerwarme
vegane Margarine
2 EL Zitronensaft
1 EL gehackter Dill
Salz und Pfeffer
aus der Mühle

AUSSERDEM
6 Scheiben Vollkornbrot
½ Bund Radieschen
½ Bund Rucola

Apfel schälen, fein reiben und mit Zitronensaft vermischen. Paprika in kleine Würfel schneiden. Tofu und Margarine mit einem Stabmixer pürieren. Apfel, Paprika und Dill unter den Tofu mischen und alles mit Salz und Pfeffer abschmecken. Radieschen in dünne Scheiben schneiden. 3 Vollkornbrotscheiben mit Aufstrich bestreichen und mit Radieschen belegen. Rucola darauf verteilen und jeweils mit einer weiteren Scheibe Vollkornbrot belegen.

ZUBEREITUNGSZEIT: CA. 10 MIN.

Artischocken-Birnen-Salat

4 Artischocken
2 Birnen
50 ml Birnensaft
5 EL Walnussöl
4 EL Erdnüsse
3 EL Apfelessig
2 Schalotten
Saft von 1 Zitrone

1 grüne Chilischote
1 Prise Muskatnuss
Salz und Pfeffer
aus der Mühle

Harte Blätter der Artischocken entfernen. Spitzen der Artischocken abschneiden, Artischocken halbieren und das Heu entfernen. Artischockenherzen in Stücke teilen und mit Zitronensaft beträufeln. Schalotten in dünne Streifen schneiden. Chili in Ringe schneiden. Birnen schälen, halbieren, Kerngehäuse herausschneiden und Birnen in ca. 5 mm dicke Scheiben schneiden. Walnussöl in einer Pfanne erhitzen und Artischockenherzen darin anlaufen lassen. Schalotten dazugeben und kurz mitbraten. Mit Birnensaft und etwas Wasser ablöschen und alles ca. 5 Minuten köcheln lassen. Birnenstücke dazugeben und das Ganze noch einmal aufkochen lassen. Apfelessig und Chili dazugeben und mit Salz, Pfeffer und Muskatnuss abschmecken. Artischocken-Birnen-Salat in Schüsseln füllen und mit Erdnüssen bestreuen.

ZUBEREITUNGSZEIT: CA. 25 MIN.

FÜR DEN SALAT
200 g Buchweizennudeln
150 g Brokkoli
120 g Zuckerschoten
100 g Karotten
50 g rote Paprika
40 g rote Zwiebel
2 EL gehackter Koriander
1 EL Sesam

FÜR DIE MARINADE
6 EL Erdnussöl
40 ml Sojasauce

3 EL Weißweinessig
1 TL frisch gerie-
bener Ingwer
1 TL brauner Zucker
Salz und weißer Pfeffer
aus der Mühle

Asiatischer Nudelsalat

Buchweizennudeln in reichlich Salzwasser bissfest kochen, abgießen und kalt abschrecken. Brokkoli in kleine Röschen teilen. Karotten schälen und in dünne Streifen schneiden. Zuckerschoten putzen und der Länge nach halbieren. Brokkoli, Karotten und Zuckerschoten mit kochendem Salzwasser kurz überbrühen, dann kalt abschrecken. Paprika entkernen und in dünne Streifen schneiden. Zwiebel in feine Streifen schneiden. Ingwer mit Sojasauce, Weißweinessig, Zucker, Salz und Pfeffer verrühren. Erdnussöl mit einem Schneebesen kräftig unterrühren. Sesam in einer Pfanne ohne Zugabe von Fett kurz anrösten. Buchweizennudeln mit Gemüse, Zwiebeln und Sesam vermengen. Marinade unter die Nudeln mischen und den Salat in Schüsseln abfüllen. Mit Koriander bestreuen.

ZUBEREITUNGSZEIT: CA. 15 MIN. / KOCHZEIT: CA. 10 MIN.

Auberginencreme

FÜR DIE CREME
800 g Auberginen
80 ml Olivenöl
3 Knoblauchzehen
½ Bund Petersilie
Saft von ½ Zitrone
1 TL Oregano
1 TL Thymian
½ TL Kreuzkümmel
Salz und Pfeffer
aus der Mühle

AUSSERDEM
8 Scheiben Toastbrot
4 Salatblätter
½ in Streifen geschnittene rote Paprika
¼ in Scheiben geschnittene Gurke
½ in Scheiben geschnittene rote Zwiebel

Knoblauch mit der Hälfte des Olivenöls aufmixen. Auberginen halbieren und kreuzweise einschneiden. Knoblauchpaste auf die Auberginenhälften verteilen und diese im vorgeheizten Ofen bei 180 °C ca. 60 Minuten backen. Weiches Fruchtfleisch mit einem Löffel herausschaben und in einen Mixbecher geben. Restliches Olivenöl, Petersilie, Zitronensaft, Oregano, Thymian, Kreuzkümmel, Salz und Pfeffer dazugeben und alles mit dem Stabmixer pürieren.
Brotscheiben toasten. Auf die Hälfte der Scheiben je 1 Salatblatt legen. Auberginencreme darauf verteilen. Zwiebeln, Gurken und Paprika daraufgeben und mit den restlichen Brotscheiben belegen.

ZUBEREITUNGSZEIT: 15 MIN. / BACKZEIT: CA. 1 STUNDE

Zum Avocadosalat
passen hervorragend
Reiswaffeln.

Avocadosalat

2 Avocados
2 Tomaten
30 g Champignons
½ Bund Basilikum
½ Bund Petersilie
2 EL Olivenöl
2 EL Limettensaft
1 TL Estragonsenf
1 Prise brauner Zucker
Salz und Pfeffer
aus der Mühle

Tomaten in kleine Würfel schneiden. Basilikum und Petersilie fein hacken. Champignons putzen und ebenfalls fein würfeln. Avocados halbieren, Kerne entfernen und das Fruchtfleisch mit einem Löffel herausschaben. Dieses mit einer Gabel grob zerdrücken und klein geschnittene Tomaten und Pilze hinzugeben. Limettensaft, Senf, Salz, Pfeffer und Zucker in einer Schüssel glatt rühren und Olivenöl unterrühren. Vinaigrette an den Avocadosalat geben und mit Salz und Pfeffer abschmecken.

ZUBEREITUNGSZEIT: CA. 10 MIN.

Sie können auch etwas veganen Frischkäse unter die Creme rühren.

Bagel

mit Käferbohnencreme und Sprossen

FÜR DIE KÄFERBOHNEN-CREME
200 g gekochte Käferbohnen
50 g Paprika
50 g Zwiebel
3 EL Rapsöl
2 Knoblauchzehen
1 TL Zitronensaft
½ TL gemahlener Kümmel
Salz und Pfeffer
aus der Mühle

AUSSERDEM
4 Bagel
4 EL gewürfelte rote Paprika
4 EL verschiedene Sprossen
2 EL gehackte Petersilie

Kerngehäuse der Paprika entfernen und Paprika in Würfel schneiden. Zwiebel grob hacken. Knoblauch fein hacken. Käferbohnen, Paprika, Zwiebeln, Knoblauch, Rapsöl, Zitronensaft und Kümmel in einen Mixbecher geben und alles mit einem Stabmixer fein pürieren. Creme mit Salz und Pfeffer abschmecken.

Bagel halbieren und Böden mit der Käferbohnencreme bestreichen. Sprossen und Paprikawürfel darauf verteilen, mit Petersilie bestreuen und Bagel mit Deckeln verschließen.

ZUBEREITUNGSZEIT: CA. 10 MIN.

Brokkolisandwich

FÜR DIE BROKKOLICREME
200 g gekochte
Kichererbsen
100 g Brokkoli
40 g Zwiebel
2 Knoblauchzehen
3 EL Olivenöl
1 EL Zitronensaft
¼ Chilischote
Salz und Pfeffer
aus der Mühle

AUSSERDEM
8 Scheiben Vollkornbrot
8 gekochte Brokkoli-
röschen
4 EL Salatstreifen
2 EL gewürfelte
rote Paprika

Brokkoli putzen und in kleine Röschen teilen. Zwiebel in ca. 2 cm große Würfel schneiden und mit Brokkoli in eine Auflaufform geben. Mit 1 EL Olivenöl beträufeln und mit Salz und Pfeffer würzen. Brokkoli im Ofen bei 180 °C ca. 15 Minuten backen. Kichererbsen mit gebackenem Brokkoli, restlichem Olivenöl, Zitronensaft, Knoblauch und Chili mit einem Stabmixer fein pürieren. Brokkolicreme mit Salz und Pfeffer abschmecken.

Creme auf die Hälfte der Brotscheiben verteilen. Mit Salatstreifen, Paprika und Brokkoliröschen garnieren und Sandwiches mit den restlichen Brotscheiben bedecken.

ZUBEREITUNGSZEIT: CA 15 MIN. / BACKZEIT: CA 15 MIN.

Statt Mandeln eignen sich auch Walnüsse, Cashewkerne oder Macadamianüsse.

Brötchen mit Linsen-Mandel-Creme

60 g rote Linsen
50 g gelbe Paprika
4 EL Walnussöl
30 g Mandeln
30 g Schalotten
1 Knoblauchzehe
1 TL Limettensaft
½ TL Kurkuma
Salz und Cayenne-
pfeffer

AUSSERDEM
4 Brötchen
4 EL Petersilie
1 Karotte

Linsen mit Wasser bedeckt ca. 15 Minuten köcheln lassen. Schalotten und Knoblauch fein hacken. Paprika klein schneiden. Sehr weiche Linsen, Mandeln, Paprika, Walnussöl, Schalotten, Knoblauch, Limettensaft und Kurkuma mit einem Stabmixer fein pürieren. Sollte die Masse zu trocken sein, löffelweise Wasser dazugeben. Linsencreme mit Salz und Cayennepfeffer abschmecken.
Petersilie in Streifen schneiden. Karotte schälen und grob raspeln. Brötchen halbieren, Linsencreme daraufstreichen. Mit Petersilie und Karotten bestreuen und Brötchen mit Deckeln verschließen.

ZUBEREITUNGSZEIT: CA. 15 MIN. / KOCHZEIT. CA. 15 MIN.

FÜR DIE SAUCE
125 ml Wasser
1 rote Paprika
4 EL Rohrzucker
2 EL Reisweinessig
1 Knoblauchzehe
½ Chilischote

AUSSERDEM
Butterbrotpapier
4 EL Pflanzenöl
zum Backen

Für die Sauce Paprika, Knoblauch und
Chili im Mixer pürieren. Alles mit
Wasser, Essig und Zucker aufkochen
und auf kleiner Flamme köcheln
lassen, bis die Sauce eindickt.
Nach dem Abkühlen abfüllen.

FÜR DEN TEIG
200 ml Sojadrink
100 g Buchweizenmehl
50 g Dinkelvollkornmehl
2 EL fein gehackte Petersilie
1 EL Sojamehl
¼ Päckchen Weinsteinbackpulver
1 Prise Salz

Buchweizen-pfannkuchen

mit Frühlings-rollenfüllung und süß-saurer Sauce

Für den Pfannkuchenteig alle Zutaten in einer Rührschüssel mit einem Schneebesen zu einem nicht zu flüssigen Teig anrühren. Diesen ca. 15 Minuten ruhen lassen. Danach eine Pfanne erhitzen, mit Öl auspinseln und Teig mit einer Schöpfkelle hineingeben. Durch Schwenken der Pfanne den Teig gleichmäßig dünn verteilen. Pfannkuchen backen lassen, wenden und auf der anderen Seite nochmals backen.

FÜR DIE FÜLLUNG
50 g in Streifen
geschnittener Weißkohl
50 g in Streifen | 50 g Sojasprossen
geschnittene Karotte | 2 EL gehackter Koriander
50 g gegarte grüne | 1 EL Sojasauce
Bohnen | 1 TL frisch geriebener Ingwer
50 g in Streifen | 1 Prise Cayennepfeffer
geschnittene Zwiebel | Salz

Für die Füllung Gemüsestreifen und Bohnen mit Ingwer, Sojasauce, Koriander, Salz und Cayennepfeffer vermengen. Pfannkuchen auf der Arbeitsfläche auslegen, mit der Gemüsefüllung belegen und einrollen. Danach halbieren und mit Butterbrotpapier umwickeln.

ZUBEREITUNGSZEIT: CA. 30 MIN. / TEIGRUHEZEIT: CA. 15 MIN.

Dazu passt hervor-
ragend Fladenbrot.

Bunter Couscoussalat

250 g Couscous
3 Tomaten
½ Gurke
1 Zitrone
½ Zwiebel
3 EL Olivenöl
2 EL weißer Balsamicoessig
3 Minzezweige
1 Knoblauchzehe
1 Prise Kreuzkümmel
Salz und Pfeffer
aus der Mühle

Couscous nach Packungsanweisung zubereiten, mit einer Gabel auflockern und auskühlen lassen. Gurke, Tomaten und Zwiebel fein würfeln. Knoblauch sehr fein hacken. Schale einer halben Zitrone abreiben, dann Zitrone auspressen. Minzeblätter abzupfen und in feine Streifen schneiden. Couscous, Gemüse, Minze, Zitronensaft, Balsamico und Olivenöl in einer Schüssel vermengen. Couscoussalat mit Kreuzkümmel würzen und mit Salz und Pfeffer abschmecken. Den Couscoussalat in verschließbare Gläser füllen.

ZUBEREITUNGSZEIT: CA. 15 MIN.

Curryzwiebeln im Brötchen

200 g Zwiebeln
50 g Karotte
3 EL Erdnüsse
2 EL Rapsöl
1 TL Currypulver
3 grüne Kardamomkapseln
Salz und Pfeffer
aus der Mühle

AUSSERDEM
4 Kartoffelbrötchen
½ Bund Rucola

Erdnüsse in einer Pfanne ohne Zugabe von Fett anrösten. Karotte schälen, grob raspeln und beiseitestellen. Zwiebeln in feine Streifen schneiden. Rapsöl in einer Pfanne erhitzen. Kardamom darin anbraten, Zwiebeln dazugeben und bei mittlerer Hitze ca. 10 Minuten braten. Currypulver hinzufügen und alles mit Salz und Pfeffer würzen.
Brötchen halbieren und Zwiebeln auf den Böden verteilen. Karotten und Erdnüsse daraufgeben und mit etwas Rucola garnieren. Brötchen mit den Deckeln belegen.

ZUBEREITUNGSZEIT: CA. 15 MIN. / KOCHZEIT: CA. 10 MIN.

Ergänzen Sie die Creme mit selbst gezogenen Sprossen.

Dinkelbrötchen mit Gemüsecreme

FÜR DEN GEMÜSEAUFSTRICH
100 g mehlig-
kochende Kartoffeln
50 g Karotte
50 g Zucchino
50 g Brokkoli
30 g Zwiebel
Saft von ½ Zitrone
1 EL Rapsöl
1 TL Meerrettich
1 Prise Muskatnuss
Salz und Pfeffer
aus der Mühle

AUSSERDEM
4 Dinkelbrötchen
½ Bund in Scheiben
geschnittene Radieschen
¼ in Scheiben
geschnittene Gurke
¼ in Scheiben
geschnittener Rettich
1 Handvoll Basilikumblätter

Kartoffeln schälen und in 2 cm große Würfel schneiden. Karotte und Zucchino ebenfalls in Würfel schneiden. Brokkoli in kleine Röschen teilen. Zwiebel fein hacken. Alle Gemüsesorten und Zwiebeln in leicht gesalzenem Wasser ca. 10 Minuten weich kochen. Dann abgießen und mit einem Stabmixer fein pürieren. Meerrettich, Zitronensaft und Rapsöl unterrühren und mit Salz, Pfeffer und Muskatnuss würzen.

Dinkelbrötchen halbieren und Böden mit Gemüsecreme bestreichen. Radieschen, Gurken und Rettich darauf verteilen und mit einigen Basilikumblättern garnieren. Mit den Brötchendeckeln verschließen.

ZUBEREITUNGSZEIT: CA. 15 MIN. / KOCHZEIT: CA. 10 MIN.

FÜR DEN SALAT

100 g Gurke	½ Bund Basilikum
80 g Zuckerschoten	1 Knoblauchzehe
50 g Kirschtomaten	1 Chilischote
40 g Zwiebel	Salz und Pfeffer
4 EL Olivenöl	aus der Mühle
3 EL Zitronensaft	etwas Apfelsüße

Dazu passen ein schöner Kräuterdip und ein bunter Gemüsesalat.

Gurke und Zwiebel in ca. 5 mm
dicke Scheiben schneiden. Kirschtomaten halbieren. Knoblauch, Chili
und Basilikum fein hacken. Zuckerschoten putzen und eventuell halbieren.
Für das Dressing Zitronensaft, Apfelsüße,
Salz und Pfeffer glatt rühren. Olivenöl
mit einer Gabel unterschlagen.

FÜR DIE STRUDEL
1 Packung Vollkorn-
strudelteig
150 g Babymaiskolben
80 g veganer Frischkäse
(siehe S. 35)
50 g grüne Bohnen
50 g rote Paprika
40 g zerlassene vegane
Margarine
1 Prise Zucker
Salz und weißer Pfeffer
aus der Mühle

Bohnen putzen und in leicht gesalzenem Wasser nicht zu weich kochen. Maiskölbchen der Länge nach vierteln. Paprika in dünne Streifen schneiden. Eine Pfanne erhitzen und Mais mit etwas Margarine darin anbraten. Bohnen und Paprika dazugeben und kurz mitbraten. Mit Salz, Pfeffer und Zucker würzen. Strudelteig auf der Arbeitsfläche auslegen und in ca. 15 x 15 cm große Stücke schneiden. Mit Sojakäse dünn bestreichen. Gemüsefüllung am vorderen Rand als länglichen Ziegel auftragen. Beide äußere Ränder ca. 2 cm nach innen einschlagen und dünn mit der restlichen Margarine bestreichen. Teig anschließend einrollen. Fingerstrudel auf ein mit Backpapier belegtes Blech legen und im vorgeheizten Ofen bei 180 °C ca. 20 Minuten backen.

ZUBEREITUNGSZEIT: CA. 30 MIN. / BACKZEIT: CA. 20 MIN. /

Frischkäse mit Chili und Feigen

FÜR DEN FRISCHKÄSE
1 l Sojadrink
Saft von 1 Zitrone
1 TL Salz
½ TL Garam masala

AUSSERDEM
geröstetes Weißbrot
4 Feigen
50 g zimmerwarme
vegane Margarine
50 g Karotte

1 gehackte Chilischote
½ Bund Schnittlauch
Salz und Pfeffer
aus der Mühle

Sojadrink mit Salz und Garam masala in einem großen Topf zum Kochen bringen. Zitronensaft langsam in den leicht kochenden Sojadrink einrühren und alles unter ständigem Rühren ca. 3 – 4 Minuten köcheln lassen. Anschließend den geronnenen Sojadrink durch ein mit einem Geschirrtuch ausgelegtes Sieb gießen und den Käse gut abtropfen lassen. Das Tuch über dem Käse zusammenlegen und alles gut ausdrücken. Karotte schälen und fein reiben. Schnittlauch fein schneiden. Margarine schaumig rühren und mit Karotten, Schnittlauch und Chili unter den Frischkäse rühren. Mit Salz und Pfeffer abschmecken. Den Frischkäse abfüllen und mit Feigen und geröstetem Weißbrot genießen.

ZUBEREITUNGSZEIT: CA. 30 MIN. / KOCHZEIT: CA. 10 MIN.

Vor dem Servieren mit etwas
Olivenöl beträufeln und mit
Wasabisprossen garnieren.

400 g Tomaten
250 g Weißbrot
50 g Gurke
1 grüne Paprika
2 Knoblauchzehen
3 EL Olivenöl
1 EL Rotweinessig
1 Prise Zucker
Meersalz und Pfeffer
aus der Mühle

AUSSERDEM
4 EL Wasabisprossen

Gazpacho mit Wasabisprossen

Rinde des Brots entfernen und Brot in ca. 100 ml Wasser einweichen lassen. Strunk der Tomaten herausschneiden, Tomaten am unteren Ende kreuzweise einschneiden und ca. 30 Sekunden in kochendem Wasser überbrühen. Dann in eine Schüssel mit kaltem Wasser geben und anschließend schälen. Gurke schälen, der Länge nach vierteln und entkernen. Paprika halbieren und entkernen. Gurken, Tomaten und Paprika in kleine Würfel schneiden. Knoblauch grob hacken. Alles in eine Schüssel geben und das Brot darauf verteilen. Olivenöl, Rotweinessig und Zucker dazugeben und alles mit einem Stabmixer fein passieren. Gazpacho mit Meersalz und Pfeffer abschmecken und eventuell noch einmal mit etwas Wasser kurz aufmixen. In verschließbare Gläser abfüllen, kalt stellen und ca. 6 Stunden ziehen lassen.

ZUBEREITUNGSZEIT: CA. 15 MIN. / ZIEHZEIT: CA. 6 STUNDEN

FÜR DEN KARTOFFELSALAT
800 g festkochende Kartoffeln
300 ml Gemüsebrühe
1 Bund Radieschen
60 g Zwiebel
6 EL Apfelessig
6 EL Rapsöl
½ Bund gehackter
Schnittlauch
1 EL scharfer Senf
Salz und Pfeffer
aus der Mühle

Kartoffeln säubern und ungeschält ca.
20 Minuten in leicht gesalzenem Wasser
köcheln lassen. Zwiebel in feine Streifen
und Radieschen in feine Scheiben schneiden.
Zwiebeln in Rapsöl glasig anbraten. Mit
Gemüsebrühe und Apfelessig ablöschen und
alles einmal aufkochen lassen. Kartoffeln in
Scheiben schneiden und mit Zwiebelsud über-
gießen. Senf dazugeben und alles durchmischen. Nach dem Abkühlen Radieschen und
Schnittlauch untermengen. Kartoffelsalat mit
Salz und Pfeffer abschmecken.

Gemüse-Linsen-Bratlinge

mit Kartoffel-Radieschen-Salat

FÜR DIE BRATLINGE
200 g grüne Linsen
100 g Bulgur
60 g Karotte
60 g Zucchino
50 g Zwiebel
5 EL Rapsöl
1 TL Paprikapulver
1 TL Tomatenmark
1 TL Oregano

½ TL Kreuzkümmel
½ TL Thymian
½ TL Zitronensaft
Salz und Pfeffer
aus der Mühle

Linsen kalt abspülen, dann in reichlich Wasser ca. 20 Minuten auf kleiner Flamme köcheln lassen. Bulgur dazugeben und leicht salzen. Alles vom Herd nehmen und ca. 30 Minuten ruhen lassen. Linsen in ein Sieb schütten und überschüssiges Wasser ablaufen lassen. Karotte, Zucchini und Zwiebel fein würfeln. 2 EL Rapsöl in einer Pfanne erhitzen und Gemüse darin anbraten. Tomatenmark, Paprikapulver und Thymian dazugeben. Gemüse mit Linsen, Zitronensaft, Oregano und Kreuzkümmel in einer Küchenmaschine fein pürieren und mit Salz und Pfeffer abschmecken. Mit feuchten Händen Bratlinge formen. Restliches Rapsöl in einer Pfanne erhitzen und Bratlinge auf beiden Seiten goldgelb braten.

ZUBEREITUNGSZEIT: CA. 30 MIN. /
KOCHZEIT: CA. 50 MIN.

Zu diesem Gericht passt Curryketchup oder ein Kräuterdip.

FÜR DEN KEBAB
50 g Aubergine
50 g Austernpilze
40 g Zucchino
40 g Karotte
30 g Zwiebel
1 gehackte
Knoblauchzehe
½ Bund gehackte
Petersilie
3 EL Olivenöl
1 TL gemahlener
Kreuzkümmel
Oregano
Salz und Pfeffer
aus der Mühle

FÜR DAS ZAZIKI
400 g Sojajoghurt
50 g Gurke
1 gehackte Knoblauchzehe
1 EL gehackte Nanaminze
Salz und Pfeffer aus der Mühle

AUSSERDEM
1 Fladenbrot

Gemüsekebab

Karotte in feine Streifen schneiden. Zwiebel in ca. 5 mm dicke Ringe schneiden. Auberginen der Länge nach halbieren und in ca. 5 mm dicke Scheiben schneiden. Austernpilze putzen und etwas zerkleinern. Zucchino in ca. 5 mm dicke Scheiben schneiden. Olivenöl in einer Pfanne erhitzen und Gemüse darin anbraten. Knoblauch dazugeben und kurz mitbraten. Mit Kreuzkümmel, Oregano, Petersilie, Salz und Pfeffer würzen.

Für das Zaziki Gurke fein reiben und gut ausdrücken. Mit Sojajoghurt vermengen und mit Knoblauch, Salz, Pfeffer und etwas Minze würzen.

Fladenbrot vierteln und mit Gemüse füllen. Kurz vor dem Genießen Zaziki auf das Gemüse geben.

ZUBEREITUNGSZEIT: CA. 20 MIN.

Gemüsemuffins

150 g Dinkelmehl
120 ml kohlensäurehaltiges Mineralwasser
100 g gekochte Maiskörner
1 Karotte
½ rote Paprika
5 cm Lauchstange
30 ml Rapsöl
1 EL Maisstärke
1 TL Apfelessig
1 TL Natron
Salz

AUSSERDEM
12er-Muffinblech und Papierförmchen

Karotte schälen und in ca. 3 – 4 mm große Würfel schneiden. Danach in leicht gesalzenem Wasser ca. 5 Minuten auf kleiner Flamme köcheln lassen. Paprika und Lauch ebenfalls klein würfeln und mit allen übrigen Zutaten zu einem glatten Teig verrühren. Teig in mit Papierförmchen ausgelegte oder ausgefettete Muffinform füllen und im vorgeheizten Ofen bei 180 °C ca. 30 Minuten backen. Stäbchenprobe machen.

ZUBEREITUNGSZEIT: CA. 15 MIN. / BACKZEIT: CA. 30 MIN.

Wer Zeit sparen möchte, muss die Kichererbsen natürlich nicht häuten. Das Hummus wird dann nicht so geschmeidig und glatt.

FÜR DAS HUMMUS
200 g Kichererbsen
120 g Tahin
5 EL Olivenöl
Saft von 2 Zitronen
3 Knoblauchzehen
1 Prise Kreuzkümmel
Salz

FÜR DAS PESTO
50 ml Olivenöl
2 EL geschälte Mandeln
1 Bund Koriandergrün
1 Knoblauchzehe
½ Chilischote

Hummus

*mit Koriander-
Chili-Pesto*

Schale von ½ Zitrone
Salz und Pfeffer
aus der Mühle

AUSSERDEM
grüne Oliven für
die Garnitur

Kichererbsen über Nacht in reichlich kaltem Wasser einweichen lassen. Nach dem Abtropfen mit frischem Wasser ca. 50 Minuten auf kleiner Flamme köcheln lassen. Abgießen und etwas Kochwasser beiseitestellen. Kichererbsen häuten und mit Zitronensaft, Knoblauch, Tahin, Olivenöl und Kreuzkümmel in einer Küchenmaschine sehr fein pürieren. Löffelweise Kochwasser dazugeben, bis die gewünschte Konsistenz erreicht ist. Mit Salz abschmecken. Für das Pesto einfach alle Zutaten mit einem Stabmixer fein pürieren. Hummus in verschließbare Gläser füllen. Dann das Pesto und einige Oliven darauf verteilen.

ZUBEREITUNGSZEIT: CA. 10 MIN. / KOCHZEIT: CA. 50 MIN.

Besonders gut gelingt der Milchreis
natürlich mit Rundkornreis.
Greifen Sie bei den Beeren am besten
immer zum saisonalen Angebot.

Kalter Milchreis mit Beeren

300 ml Mandeldrink
70 g Sojajoghurt
60 g Naturreis
Saft von ½ Zitrone
Saft von ½ Orange
½ Zimtstange
1 Msp. Vanillepulver oder
Mark von ½ Vanilleschote
1 Prise Salz

AUSSERDEM
100 g gemischte Beeren
(z.B. Himbeeren,
Heidelbeeren, …)

Reis unter fließendem Wasser gründlich abspülen und mit etwas Wasser einmal kurz aufkochen lassen. Abgießen und mit Mandeldrink, Orangensaft, Vanillepulver, Zimtstange und Salz ca. 20 Minuten auf kleiner Flamme köcheln lassen. Etwas auskühlen lassen, dann Sojajoghurt und Zitronensaft unterrühren. Sollte der Milchreis zu klebrig oder pampig sein, noch etwas Mandeldrink dazugeben. Milchreis portionsweise abfüllen und mit Beeren garnieren.

ZUBEREITUNGSZEIT: CA. 10 MIN. / KOCHZEIT: CA. 20 MIN.

Karotten-Curry-Aufstrich

200 g veganer Frischkäse
(siehe S. 35)
50 g Karotte
50 g Apfel
40 g Zwiebel
1 EL Apfelsüße
½ EL Zitronensaft
1 TL Currypulver
Salz und Pfeffer
aus der Mühle

AUSSERDEM
8 Scheiben Tramezzinibrot
(Weißbrotscheiben)
50 g gewürfelte Karotte
50 g gewürfelte Gurke
1 Tasse Wasabisprossen

Karotte und Apfel schälen und fein reiben. Zwiebel fein reiben. Frischkäse mit Karotten, Äpfeln und Zwiebeln vermengen und eventuell mit einem Stabmixer kurz pürieren. Mit Apfelsüße, Currypulver, Zitronensaft, Salz und Pfeffer würzen. Hälfte der Weißbrotscheiben mit Karotten-Curry-Aufstrich bestreichen. Karotten und Gurken darüberstreuen und mit Wasabisprossen garnieren. Sandwiches mit restlichen Weißbrotscheiben belegen und in mundgerechte Stücke schneiden.

ZUBEREITUNGSZEIT: CA. 10 MIN.

Suppen eignen sich hervorragend als Mahlzeit fürs Büro, weil man sie bequem zu Hause zubereiten kann und vor Ort nur noch auf- wärmen muss. Die Karotten-Ingwer-Suppe schmeckt an warmen Sommertagen auch kalt.

ZUBEREITUNGSZEIT: CA. 25 MIN.
TEIGRUHEZEIT: CA. 45 MIN.
BACKZEIT: CA. 15 MIN.

FÜR DIE SUPPE

500 ml Gemüsebrühe
400 g Karotten
100 ml Kokosmilch
50 g Zwiebel
Saft von 1 Orange
2 EL Olivenöl
1 EL frisch
geriebener Ingwer

1 Knoblauchzehe
Salz und Pfeffer
aus der Mühle

Karotten-Ingwer-Suppe
mit Dinkelsticks

Karotten schälen und fein würfeln. Zwiebel und Knoblauch in kleine Würfel schneiden. Olivenöl in einem Topf erhitzen, Zwiebeln und Knoblauch darin glasig anbraten. Karotten dazugeben und kurz mitschwitzen lassen. Mit Gemüsebrühe ablöschen, Ingwer dazugeben und alles ca. 20 Minuten auf kleiner Flamme köcheln lassen. Dann Kokosmilch dazugeben und alles mit einem Stabmixer fein pürieren. Orangensaft hinzugeben und die Suppe mit Salz und Pfeffer abschmecken.

FÜR DIE STICKS

300 g Dinkelvollkornmehl
230 ml lauwarmes Wasser
20 g frische Hefe

1 EL Walnussöl
½ TL Zucker
Salz

Hefe und Zucker in Wasser auflösen. Mehl, Hefe-Wasser-Mischung und Walnussöl in einer Küchenmaschine zu einem geschmeidigen Teig verarbeiten. Teig zugedeckt ca. 30 Minuten gehen lassen. Anschließend noch einmal durchkneten und auf einer bemehlten Arbeitsfläche ca. 1 cm dick ausrollen. Teig in ca. 12 gleich große Dreiecke schneiden. Diese von der Längsseite her fest aufrollen, auf ein mit Backpapier belegtes Blech legen und zugedeckt ca. 15 Minuten gehen lassen. Teigstangen mit lauwarmem Wasser dünn bestreichen und im vorgeheizten Ofen bei 180 °C ca. 15 Minuten backen.

Kartoffel-Gurken-Aufstrich

300 g mehligkochende
Kartoffeln
100 ml Hafer Cuisine
50 g Gurke
4 EL gehackter Schnittlauch
20 g vegane Margarine
1 EL Essiggurkenwasser
½ TL gemahlener Kümmel
1 Prise Muskatnuss
Salz und weißer Pfeffer
aus der Mühle

AUSSERDEM
etwas Schnittlauch
zum Garnieren

Kartoffeln schälen, vierteln und in leicht gesalzenem Wasser sehr weich kochen. Dann abgießen und kurz ausdampfen lassen. Gurke schälen und sehr fein reiben. Kartoffeln mit einem Kartoffelstampfer oder einer Flotten Lotte passieren. Hafer Cuisine, Margarine, Essiggurkenwasser, Gurke und Schnittlauch unter die noch heiße Kartoffelmasse rühren. Aufstrich mit Salz, Pfeffer, Kümmel und Muskatnuss abschmecken.

ZUBEREITUNGSZEIT: CA. 10 MIN. / KOCHZEIT: CA. 30 MIN.

FÜR DEN MÜRBETEIG
180 g helles Weizenmehl
70 g zimmerwarme vegane Margarine
1 EL kaltes Wasser
½ TL Salz

Kleine Zwiebelquiche

Mehl mit Salz, Wasser und Margarine rasch zu einem glatten Teig verarbeiten. Diesen in Frischhaltefolie einpacken und im Kühlschrank ca. 1 Stunde ruhen lassen. Danach noch einmal durchkneten, in 4 gleich große Stücke teilen und auf einer bemehlten Arbeitsfläche auf die Größe der Backform (Rand dazurechnen) ausrollen. Backformen leicht ausfetten, Teig hineinlegen und überstehenden Rand abschneiden. Backformen noch einmal kalt stellen.

FÜR DIE FÜLLUNG
400 g Tofu	2 EL Olivenöl
100 g Sojajoghurt	1 TL gehackter Rosmarin
80 g rote Zwiebel	1 Prise Muskatnuss
3 Stangen Frühlingszwiebeln	Salz und Pfeffer
2 EL Maisstärke	aus der Mühle

Zwiebel in dünne Streifen schneiden. Frühlingszwiebeln putzen und in Ringe schneiden. Olivenöl in einer Pfanne erhitzen. Zwiebeln und Frühlingszwiebel darin anbraten. Tofu und Sojajoghurt mit einem Stabmixer fein pürieren. Stärke unter die Tofumasse rühren und mit Salz, Pfeffer, Muskatnuss und Rosmarin würzen. Dann Zwiebeln unterrühren. Tofumasse in die vorbereiteten Mürbeteigböden geben und im vorgeheizten Ofen bei ca. 180°C ca. 35 Minuten backen.

Kohlrabiwraps mit Erdnussdip

FÜR DIE WRAPS
1 Kohlrabi
2 kleine Karotten
1 kleiner Zucchino
5 – 6 Kopfsalatblätter

FÜR DEN DIP
4 EL Erdnussbutter
2 EL Sojajoghurt
1 EL Limettensaft
¼ Chilischote
Salz

Kohlrabi schälen und mit einer Aufschnittmaschine in ca. 2 - 3 mm dünne Scheiben schneiden. Karotten und Zucchino schälen und in dünne Streifen schneiden. Salatblätter ebenfalls in dünne Streifen schneiden. Kohlrabischeiben auf der Arbeitsfläche auslegen und mit Karotten, Zucchini und Salat belegen. Kohlrabischeiben einrollen und fixieren.

Für den Dip Chili sehr fein hacken. Dann mit Sojajoghurt, Erdnussbutter und Limettensaft glatt rühren. Mit Salz abschmecken.

ZUBEREITUNGSZEIT: CA. 15 MIN.

Bei mir darf es auch etwas mehr Meerrettich sein.

Kornspitz mit Rote-Bete-Aufstrich

200 g Rote Bete
60 g Walnüsse
30 g entrindetes Toastbrot
3 EL Olivenöl
1 EL Tahin
1 EL frisch geriebener
Meerrettich
1 EL Limettensaft
1 TL gemahlener Kreuzkümmel
Salz und Pfeffer aus der Mühle

AUSSERDEM
4 Kornspitz
12 Gurkenscheiben
4 in feine Streifen ge-
schnittene Salatblätter

Rote Bete gründlich waschen und in reichlich Salzwasser ca. 1 Stunde weich kochen. Dann kalt abschrecken, schälen und klein schneiden. Walnüsse in einer Pfanne ohne Zugabe von Fett kurz anrösten. Kreuzkümmel dazugeben und kurz mitrösten. Rote Bete, Walnüsse, Toastbrot, Tahin, Meerrettich, Limettensaft und Olivenöl mit einem Stabmixer fein pürieren. Mit Salz und Pfeffer abschmecken.
Kornspitz halbieren und Böden mit Rote-Bete-Aufstrich bestreichen. Mit Gurkenscheiben und Salatstreifen garnieren und Kornspitz bedecken.

ZUBEREITUNGSZEIT: CA. 15 MIN. / KOCHZEIT: CA. 1 STUNDE

Sie können die Strudel kurz vor dem
Verzehr noch einmal erwärmen
oder auch kalt genießen.

500 g Weißkohl
200 ml Gemüsebrühe
50 g Zwiebel
2 EL Rapsöl
2 Knoblauchzehen
1 TL Tomatenmark
1 TL Paprikapulver
1 TL Kümmel
4 Wacholderbeeren
2 Lorbeerblätter
Salz und Pfeffer
aus der Mühle

AUSSERDEM
2 Packungen Blätterteig
á ca. 250 g

Krautstrudel

Weißkohl in feine Streifen schneiden, in eine Schüssel geben, leicht salzen und kräftig durchkneten. Zwiebeln ebenfalls in feine Streifen schneiden und Knoblauch fein hacken. Rapsöl in einem Topf erhitzen und Zwiebeln darin goldbraun anbraten. Knoblauch kurz mitbraten. Weißkohl dazugeben und ebenfalls mitbraten. Tomatenmark und Paprikapulver hinzufügen und alles gut durchrühren. Mit Gemüsebrühe ablöschen. Kümmel, Lorbeerblätter und Wacholderbeeren dazugeben und alles auf kleiner Flamme ca. 20 Minuten köcheln lassen. Lorbeerblätter und Wacholderbeeren entfernen und Füllung mit Salz und Pfeffer abschmecken. Danach in einem Sieb gut abtropfen lassen.

Blätterteig auf der Arbeitsfläche auslegen und in ca. 15 x 10 cm große Stücke schneiden. Füllung in der Mitte der Teigstücke verteilen. Ränder zart mit Wasser bestreichen, Teig über Füllungen schlagen und Ränder unter die Strudel schlagen. Strudel auf ein mit Backpapier belegtes Blech legen und im vorgeheizten Ofen bei 180 °C ca. 25 Minuten backen.

ZUBEREITUNGSZEIT: CA. 40 MIN. / BACKZEIT: CA. 25 MIN.

Vinschgerl sind Roggen-
vollkornbrötchen aus
Sauerteig.

Mediterranes Vinschgerl

50 g Zucchino
50 g Kräuterseitlinge
40 g Zwiebel
1 rote Paprika
2 EL Rapsöl
Salz und Pfeffer
aus der Mühle

AUSSERDEM
4 Vinschgerl
4 EL Ajvar
½ Bund Rucola

Zucchino und Kräuterseitlinge in ca. 5 mm dicke Scheiben schneiden. Zwiebel in Streifen schneiden. Kerngehäuse der Paprika entfernen und Paprika vierteln. Eine Grillpfanne erhitzen, Rapsöl hineingeben, Gemüse und Pilze darin von beiden Seiten anbraten und mit Salz und Pfeffer würzen.
Vinschgerl halbieren. Böden dünn mit Ajvar bestreichen und mit dem Gemüse belegen. Rucola darauf verteilen und Vinschgerl mit Deckeln verschließen.

ZUBEREITUNGSZEIT: CA. 10 MIN. / KOCHZEIT: CA. 10 MIN.

Nicht jedes Kind mag Vollkornnudeln. Versuchen Sie es mit einer Mischung aus hellen und dunklen Nudeln.

150 g Vollkornnudeln
8 Kirschtomaten
1 Spitzpaprika
1 Handvoll Feldsalat
4 EL Olivenöl
2 EL Pinienkerne oder
Mandelstifte
1 EL Apfelessig
Salz und weißer Pfeffer
aus der Mühle

Nudelsalat mit Feldsalatpesto

Für das Pesto Feldsalat gründlich waschen und mit Olivenöl, Apfelessig, Salz und Pfeffer mit einem Stabmixer fein pürieren. Kirschtomaten vierteln. Spitzpaprika halbieren, Kerngehäuse entfernen und Paprika in feine Würfel schneiden. Pinienkerne in einer Pfanne leicht erwärmen, aber nicht braun werden lassen. Nudeln in reichlich gut gesalzenem Wasser bissfest kochen, dann abgießen. Nudeln mit Tomaten, Paprika, Pinienkernen und Pesto vermengen und mit Salz und Pfeffer abschmecken.

ZUBEREITUNGSZEIT: CA. 15 MIN. / KOCHZEIT: CA. 8 – 10 MIN.

Paprikacreme passt hervorragend zu Vollkornbrot oder geröstetem Toastbrot.

Packen Sie in Ihre Lunchbox noch Gurkenscheiben und einige Ihrer Lieblingssprossen. Das Brot können Sie zu Hause vortoasten.

Paprikacreme

2 rote Paprika
80 g Wasser
80 g Sonnenblumenkerne
50 ml Sonnenblumenöl
40 g Apfel
40 g Zwiebel
1 EL Tomatenmark
1 EL Zitronensaft
1 TL edelsüßes Paprikapulver
1 Knoblauchzehe
½ TL Oregano
½ TL Thymian
½ TL Rosmarin
Salz und Pfeffer
aus der Mühle

Sonnenblumenkerne über Nacht einweichen lassen. Paprika und Zwiebel in kleine Würfel schneiden. Apfel schälen und ebenfalls klein würfeln. Sonnenblumenkerne abgießen und mit Wasser, Sonnenblumenöl, Paprika, Zwiebeln und Apfelstücken in einen Mixbecher füllen. Tomatenmark, Oregano, Thymian, Rosmarin, Knoblauch, Zitronensaft und Paprikapulver dazugeben und mit einem Stabmixer fein pürieren. Mit Salz und Pfeffer abschmecken. Den Aufstrich in verschließbare Behälter abfüllen und kühl stellen.

ZUBEREITUNGSZEIT: CA. 10 MIN. / ZIEHZEIT: CA. 6 STUNDEN

Als kleine Nachspeise passt sehr gut ein selbst gemachter Heidelbeer-Sojajoghurt dazu.

Pfannkuchen-röllchen

mit Kartoffel-aufstrich

FÜR DEN TEIG
140 ml kohlensäure-
haltiges Mineralwasser
130 ml Sojadrink
100 g Buchweizenmehl
80 g helles Weizenmehl
oder Dinkelvollkornmehl
1 Prise Salz

AUSSERDEM
4 EL Rapsöl zum
Ausbacken

40 g in Streifen
geschnittene Karotten
30 g in Streifen
geschnittene rote Zwiebel
30 g gekochte
Prinzessbohnen

Beide Mehlsorten in eine Schüssel sieben und mit Sojadrink, Mineralwasser und Salz zu einem glatten Teig verrühren. Diesen ca. 15 Minuten quellen lassen. Eine Pfanne dünn mit Öl ausstreichen und den Teig mithilfe einer Schöpfkelle dünn in die Pfanne einlaufen lassen. Den Teig auf beiden Seiten goldbraun ausbacken. Pfannkuchen auf einen Teller legen, mit Frischhaltefolie abdecken und auskühlen lassen.

ZUBEREITUNG DES KARTOFFELAUFSTRICHS
AUF DER NÄCHSTEN SEITE

Pfannkuchen-röllchen

FÜR DEN AUFSTRICH
300 g mehligkochende Kartoffeln
100 ml Hafer Cuisine
20 g vegane Margarine
2 EL gehackter Schnittlauch
1 EL Essiggurkenwasser
Muskatnuss
Kümmel
Salz und weißer Pfeffer
aus der Mühle

Kartoffeln schälen, vierteln und in leicht gesalzenem Wasser sehr weich kochen. Nach dem Abgießen kurz ausdampfen lassen. Dann mit einem Kartoffelstampfer oder einer Flotten Lotte passieren. Hafer Cuisine, Margarine, Essiggurkenwasser und Schnittlauch unter die noch heiße Kartoffelmasse rühren. Mit Salz, Pfeffer, Kümmel und Muskatnuss abschmecken und etwas durchziehen lassen.

Pfannkuchen auf der Arbeitsfläche auslegen und mit Kartoffelaufstrich dünn bestreichen. Karotten, Zwiebeln und Prinzessbohnen darauf verteilen und die Pfannkuchen einrollen.

ZUBEREITUNGSZEIT: CA. 30 MIN. / TEIGRUHEZEIT: CA. 15 MIN. /
KOCHZEIT: CA. 25 MIN.

Wer keine Pilze mag, kann diese problemlos durch kurz angebratene Zucchinischeiben ersetzen.

FÜR DIE BOHNENCREME
300 g gekochte
Kidneybohnen
½ Zwiebel
2 EL Olivenöl
1 Knoblauchzehe
Saft von ½ Zitrone
Salz und Pfeffer
aus der Mühle

AUSSERDEM
4 Sesambrötchen
4 – 6 Kräuterseitlinge

1 in Scheiben
geschnittene Tomate
1 Handvoll Pflücksalat
2 El Olivenöl
Thymian
Salz und weißer Pfeffer
aus der Mühle

Pilzburger

Zwiebel klein würfeln und in Olivenöl anbraten. Knoblauch hacken und dazugeben. Kidneybohnen und etwas Wasser hinzufügen und alles auf kleiner Flamme ca. 15 Minuten sehr weich kochen. Kochwasser abgießen und beiseitestellen. Bohnen mit einem Stabmixer fein pürieren. Je nach Bedarf löffelweise Kochwasser dazugeben, bis die Bohnencreme geschmeidig, aber nicht zu weich ist. Mit Zitronensaft, Salz und Pfeffer abschmecken. Kräuterseitlinge in ca. 5 mm dicke Scheiben schneiden und in einer Pfanne mit etwas Olivenöl von beiden Seiten anbraten. Pilze mit Salz, Pfeffer und etwas Thymian würzen.

Sesambrötchen halbieren und Bohnencreme dünn auf die Böden streichen. Salatblätter, Tomaten und Kräuterseitlinge darauf verteilen. Brötchen mit den Deckeln verschließen und sorgfältig verpacken.

ZUBEREITUNGSZEIT: CA. 15 MIN. / KOCHZEIT: CA. 15 MIN.

Füllen Sie die Taschen auch einmal mit Antipasti oder mit veganem Frischkäse.

FÜR DIE FÜLLUNG

250 g Austernpilze
50 g Zwiebel
2 EL gehackte Petersilie
2 EL Rapsöl
1 Knoblauchzehe
Thymian
Salz und Pfeffer
aus der Mühle

FÜR DEN TEIG

220 ml lauwarmes Wasser
200 g Dinkelvollkornmehl

200 g helles
Weizenmehl
2 EL Olivenöl
20 g frische Hefe
1½ TL Salz
1 TL Apfelsüße

Pilztaschen

Hefe und Apfelsüße in Wasser auflösen. Beide Mehlsorten und Salz gut durchmischen. Hefe-Wasser-Mischung und Olivenöl zum Mehl dazugeben und in einer Küchenmaschine mindestens 10 Minuten durchkneten lassen. Teig zugedeckt ca. 1 Stunde gehen lassen.

Pilze in ca. 5 mm dicke Streifen schneiden. Zwiebel in feine Streifen schneiden. Knoblauch fein hacken. Rapsöl in einer Pfanne erhitzen. Pilze, Zwiebeln und Knoblauch darin anbraten. Mit Thymian, Salz und Pfeffer würzen. Nach dem Auskühlen der Füllung die Petersilie unterrühren.

Nach dem Ruhen den Teig noch einmal durchkneten und auf einer bemehlten Arbeitsfläche zu ca. 20 cm großen runden Teigstücken ausrollen. Füllung darauf verteilen, Teig zur Hälfte umschlagen und gut verschließen. Pilztaschen auf ein mit Backpapier belegtes Blech legen und im vorgeheizten Ofen bei ca. 200 °C ca. 15 Minuten backen.

ZUBEREITUNGSZEIT: CA. 20 MIN. / TEIGRUHEZEIT: CA. 1 STUNDE /
BACKZEIT: CA. 15 MIN.

FÜR DAS PITABROT

Pitabrot

500 g helles Weizenmehl
250 ml lauwarmes Wasser
42 g frische Hefe
1 EL Olivenöl
½ TL Salz
½ TL Zucker

*mit gegrilltem
Orangentofu*

Hefe und Zucker in Wasser auflösen. Mehl, Salz, Olivenöl und Wasser-Hefe-Mischung in einer Küchenmaschine zu einem glatten Teig verarbeiten. Zugedeckten Teig an einem warmen Ort ca. 45 Minuten gehen lassen. Anschließend noch einmal kräftig durchkneten und in 8 gleich große Stücke teilen. Teiglinge auf einer bemehlten Arbeitsfläche mit einem Nudelholz zu dünnen Fladen ausrollen. Fladen auf ein mit Backpapier belegtes Blech legen und im vorgeheizten Ofen bei 200 °C ca. 15 Minuten backen.

FÜR DEN TOFU

400 g Tofu
Saft von 1 Orange
2 EL Sojasauce
2 EL Rapsöl
1 EL Apfelsüße
1 EL Tomatenmark
¼ TL Currypulver

AUSSERDEM

40 g Weißkohlstreifen
4 EL gewürfelte rote Paprika
4 EL gewürfelte Zwiebeln
2 EL gehackter Koriander

Orangensaft, Sojasauce, Apfelsüße, Tomatenmark und Currypulver glatt rühren. Tofu in ca. 5 mm dicke Scheiben schneiden und durch die Marinade ziehen. Eine Pfanne erhitzen, Rapsöl hineingeben und den Tofu darin von beiden Seiten anbraten. Pitabrot mit einem Kontaktgriller toasten und in das Brot eine Tasche schneiden. Tofuscheiben hineinlegen und etwas Weißkohl, Paprika, Zwiebel und Koriander hinzufügen.

500 g helles Weizenmehl
320 ml lauwarmes Wasser
42 g frische Hefe
2 EL Olivenöl
1 TL Meersalz
½ TL Zucker

Hefe und Zucker in Wasser auflösen. Mehl mit Salz, Oliven-öl und Hefe-Zucker-Mischung in einer Küchenmaschine zu einem glatten, elastischen Teig verarbeiten. Danach auf einer bemehlten Arbeitsfläche noch einmal kräftig durchkne-ten. Teig in eine Schüssel legen, diese mit einem feuchten Geschirrtuch abdecken und den Teig an einem warmen Ort ca. 40 Minuten gehen lassen.

BELEGEN DER PIZZASCHNECKEN AUF DER NÄCHSTEN SEITE

Pizzaschnecken

AUSSERDEM
200 ml Tomatensauce
90 g veganer Käse
5 EL Maiskörner
4 EL gewürfelte
rote Paprika
Oregano
Thymian
Rosmarin
Salz

Teig zu einem ca. 1 cm dicken Quadrat ausrollen und mit der Tomatensauce dünn bestreichen, aber das vordere Drittel frei lassen. Bestrichenen Teil mit Mais, Sojakäse und Paprika belegen, leicht salzen und mit etwas Oregano, Thymian und Rosmarin bestreuen. Den Teig zur freien Seite hin einrollen und mit einem scharfen Messer ca. 2 cm dicke Scheiben abschneiden. Pizzaschnecken auf ein mit Backpapier belegtes Blech legen und im vorgeheizten Ofen bei 220 °C ca. 15 Minuten goldbraun ausbacken. Vor dem Verpacken auskühlen lassen.

ZUBEREITUNGSZEIT: CA. 20 MIN. / TEIGRUHEZEIT: CA. 40 MIN. / BACKZEIT: CA. 15 MIN.

Wer möchte, kann natürlich Vollkornmehl verwenden. Erhöhen Sie dann die Wassermenge geringfügig. Wählen Sie immer den Belag auch danach aus, was Ihren Kindern am besten schmeckt. Für mein Patenkind mache ich die Pizzaschnecken z.B. immer mit kleinen Brokkoliröschen.

Bei Bioradieschen können Sie auch einen Teil der Blätter klein schneiden und unter den Salat mischen. Zum Radieschen-Avocado-Salat esse ich am liebsten Matzebrot.

Radieschen-Avocado-Salat

1 Bund Radieschen
1 Avocado
2 festkochende Kartoffeln
1 Zwiebel
1 Bund Petersilie
Saft von 1 Zitrone
4 EL Olivenöl
1 Prise Zucker
Salz und Pfeffer
aus der Mühle

Kartoffeln kochen, schälen und in Scheiben schneiden. Radieschen in Scheiben schneiden. Petersilie nicht zu fein hacken. Zwiebel in feine Streifen schneiden. Avocado halbieren, Kern entfernen, Fruchtfleisch herauslösen und in ca. 2 cm große Würfel schneiden. Avocado, Radieschen, Petersilie, Kartoffeln und Zwiebeln in eine Schüssel geben. Zitronensaft und Olivenöl dazugeben. Salat mit Zucker würzen und mit Salz und Pfeffer abschmecken.

ZUBEREITUNGSZEIT: CA. 10 MIN. / KOCHZEIT: CA. 20 MIN.

Wer kein Knäckebrot mag, kann es hervorragend durch Vollkornbrot ersetzen. Radieschen sind reich an Kalium, Magnesium, Eisen, Vitamin C und Senföl, das eine antibakterielle Wirkung hat. Besonders für Kinder ist dieser Snack gut geeignet.

Radieschenkracher

8 Scheiben rundes Knäckebrot
(siehe S. 88)
100 g veganer Frischkäse
(siehe S. 35)
½ Bund Radieschen
Salz und Pfeffer
aus der Mühle

Blätter der Radieschen abschneiden. Zur Hälfte sehr fein hacken und unter den Frischkäse rühren. Andere Hälfte in Streifen schneiden. Radieschen in dünne Scheiben schneiden. 4 Knäckebrotscheiben mit Frischkäse bestreichen und mit Radieschen belegen. Einige Radieschenblätter darauf verteilen und mit den restlichen Knäckebrotscheiben belegen.

ZUBEREITUNGSZEIT: CA. 10 MIN.

Rettichsalat mit Knäckebrot

FÜR DEN SALAT
1 großer Rettich
1 säuerlicher Apfel
1 Bund gehackter Schnittlauch
2 EL Rapsöl
1 EL Zitronensaft
1 EL Apfelessig
½ TL Pul Biber (türkische
Paprikaflocken)
1 Prise Zucker
Salz und Pfeffer
aus der Mühle

Rettich schälen und mit einem Gemüsehobel in feine Scheiben schneiden. Mit Salz bestreuen und ca. 30 Minuten ziehen lassen. Kerngehäuse des Apfels entfernen, Apfel schälen und ebenfalls mit dem Gemüsehobel fein schneiden. Rettich ausdrücken und überschüssiges Wasser abgießen. Apfel- und Rettichscheiben vermischen, dann Zitronensaft, Apfelessig, Rapsöl und Pul Biber zum Salat geben. Mit Salz, Pfeffer und Zucker abschmecken und mit Schnittlauch bestreuen.

ZUBEREITUNG DES KNÄCKEBROTS
AUF DER NÄCHSTEN SEITE

Rettichsalat mit Knäckebrot

FÜR DAS KNÄCKEBROT
250 ml Haferdrink
200 g Roggenmehl
150 g Dinkelvollkornmehl
60 g vegane Margarine
4 EL verschiedene Saaten
(z. B. Sesam, Leinsamen,
Sonnenblumenkerne)
20 g frische Hefe
1 EL Apfelsüße
1 TL Salz

Margarine schmelzen. Apfelsüße und Hefe im Haferdrink auflösen. Roggen- und Dinkelmehl sowie Salz in einer Schüssel vermengen. Margarine, Hefemischung und Mehl in einer Küchenmaschine mindestens 10 Minuten lang kneten lassen. Glatten Teig abdecken und an einem warmen Ort ca. 60 Minuten gehen lassen. Anschließend nochmals durchkneten. Ein Blech mit Backpapier auslegen, den Teig daraufgeben und mit einem Nudelholz ca. 5 mm dick ausrollen. Teig dünn mit Wasser bestreichen, mit Saaten bestreuen und in ca. 5 x 10 cm große Stücke schneiden. Körner leicht festdrücken. Den Teig im vorgeheizten Ofen bei ca. 180 °C ca. 20 Minuten backen.

ZUBEREITUNGSZEIT: CA. 20 MIN. / TEIGRUHE: CA. 1 STUNDE /
BACKZEIT. CA. 20 MIN.

Tauschen Sie das Toastbrot gegen Burgerbrötchen, und reichen Sie einige frische Chips dazu. Das ist auch ein herrliches Abendessen.

Sandwich mit Kartoffel-Pilz-Bratling

mit süß-saurem Senfragout

FÜR DIE BRATLINGE

500 g mehlig-
kochende Kartoffeln
200 g Pilze
(Champignons,
Kräuterseitlinge, …)
40 g Zwiebel
1 Bund Petersilie
2 EL Sonnenblumenkerne
6 EL Rapsöl
1 Knoblauchzehe

1 EL Kartoffelstärke
½ TL Oregano
½ TL Thymian
½ TL Kümmel
Salz und Pfeffer
aus der Mühle

Kartoffeln schälen, vierteln und in leicht gesalzenem Wasser weich kochen. Abgießen und ausdampfen lassen. Kartoffeln mit der Flotten Lotte passieren. Zwiebel, Pilze, Petersilie und Knoblauch fein hacken. 2 EL Rapsöl in einer Pfanne erhitzen. Zwiebeln, Pilze und Knoblauch darin anbraten. Petersilie dazugeben und mit Salz und Pfeffer würzen. Pilzmischung, Sonnenblumenkerne, Oregano, Thymian, Kümmel und Kartoffelstärke rasch unter die Kartoffeln kneten. Aus der Masse Bratlinge formen. Restliches Rapsöl in einer Pfanne erhitzen und Bratlinge von beiden Seiten darin anbraten.

ZUBEREITUNG DES SENFRAGOUTS
AUF DER NÄCHSTEN SEITE

Sandwich mit Kartoffel-Pilz-Bratling

mit süß-saurem Senfragout

FÜR DAS SENFRAGOUT
120 g Estragonsenf
50 g Schalotten
1 EL Apfelsüße
1 TL Rapsöl
½ TL Balsamicoessig
¼ TL Curry
Salz und Cayennepfeffer

AUSSERDEM
8 Scheiben Vollkorntoast
½ Bund Rucola
Bambusspieße

Für das Senfragout Schalotten fein hacken. Rapsöl in einer Pfanne erhitzen und Schalotten darin glasig werden lassen. Currypulver dazugeben und kurz mitbraten. Senf in eine Schüssel geben. Schalotten, Apfelsüße und Balsamico hinzugeben und glatt rühren. Mit Salz und Cayennepfeffer abschmecken.

4 Scheiben Toastbrot auf der Arbeitsfläche auslegen. Rucola und Bratlinge darauf verteilen. Mit Senfragout garnieren. Restliche Brotscheiben drauflegen und Sandwiches mit Bambusspießen fixieren.

ZUBEREITUNGSZEIT: CA. 35 MIN. / KOCHZEIT: CA. 30 MIN.

Sesamfalafel können im Büro noch einmal kurz im Ofen erwärmt werden.

Sesamfalafel

auf griechischem Salat

FÜR DIE FALAFEL

300 ml Pflanzenöl
zum Frittieren
200 g Kichererbsen
60 g Sesam
40 g Zwiebel
1 Bund Petersilie
½ Bund Koriander
Saft von ½ Zitrone
2 Knoblauchzehen
2 TL gemahlener
Kreuzkümmel

1 TL edelsüßes
Paprikapulver
1 TL Backpulver
Salz und Pfeffer
aus der Mühle

Kichererbsen über Nacht einweichen. Wasser abgießen und Kichererbsen mit Zwiebel, Knoblauch, Backpulver, Petersilie und Koriander in einer Küchenmaschine zu einer feinen Paste verarbeiten. Sesam in einer Pfanne ohne Zugabe von Fett goldgelb anrösten und unter die Paste kneten. Mit Zitronensaft, Kreuzkümmel, Paprikapulver, Salz und Pfeffer würzen. Aus der Masse mit nassen Händen ca. 3–4 cm große Bällchen formen und diese in Fett schwimmend goldgelb ausbacken. Auf Küchenkrepp abtropfen und auskühlen lassen.

ZUBEREITUNG DES SALATS
AUF DER NÄCHSTEN SEITE

Sesamfalafel
auf griechischem Salat

FÜR DEN SALAT
150 g Gurke
150 g Tomaten
50 g Spitzpaprika
50 g rote Zwiebel
4 EL Olivenöl
2 EL Apfel-Balsamicoessig
1 TL Oregano
Salz und Pfeffer
aus der Mühle

Für den Salat Kerngehäuse der Paprika entfernen. Paprika, Gurke, Tomaten und Zwiebel in ca. 2 cm große Würfel schneiden. Alles vermengen und mit Essig und Olivenöl marinieren. Mit Oregano, Salz und Pfeffer würzen.

Den griechischen Salat in Schüsseln abfüllen und die Sesamfalafel darauf anrichten.

ZUBEREITUNGSZEIT: CA. 30 MIN. / KOCHZEIT: 45–60 MIN.

Spargel-Avocado-Sandwich

400 g weißer Spargel
1 Avocado
½ Bund Petersilie
1 Zitrone
1 Knoblauchzehe
Salz und Pfeffer
aus der Mühle

AUSSERDEM
1 Baguette
4 große Salatblätter

Schale einer halben Zitrone abreiben. Ganze Zitrone auspressen. Spargel schälen, der Länge nach halbieren, Stücke
dritteln und in etwas Salzwasser mit der Hälfte des Zitro-
nensafts bissfest kochen. Knoblauch sehr fein hacken. Petersilie fein hacken. Avocado halbieren, Kern entfernen und
Fruchtfleisch mit einem Löffel herausschaben. Avocado mit
einer Gabel fein zerdrücken. Restlichen Zitronensaft, Zi-
tronenschale, Petersilie und Knoblauch unterrühren und
mit Salz und Pfeffer abschmecken.
Baguette in vier Teile schneiden und der Länge nach halbieren. Salatblätter auf die Böden verteilen. Avocadocreme
daraufstreichen und mit Spargel belegen. Baguettes mit den
Deckeln verschließen.

ZUBEREITUNGSZEIT: CA. 15 MIN. / KOCHZEIT: CA. 5 MIN.

Spargel-Erdbeer-Salat

mit grünem Pfeffer

1,2 kg weißer Spargel
300 g Erdbeeren
80 ml weißer
Balsamicoessig
4 EL Walnussöl
2 Schalotten
2 EL Apfelsüße
1 EL Limettensaft
1 EL eingelegte
grüne Pfefferkörner
1 TL gehackte
Zitronenmelisse
Salz

Spargel schälen und in dünne Scheiben schneiden. Erdbeeren putzen und vierteln. Schalotten in feine Ringe schneiden. Balsamico mit Limettensaft, Apfelsüße und Salz glatt rühren. Walnussöl kräftig unterrühren. Spargel, Erdbeeren, Schalotten und Pfefferkörner vermengen und vorsichtig marinieren. Spargel-Erdbeer-Salat in Schüsseln füllen, mit Melisse bestreuen und mit frischem Ciabatta genießen.

ZUBEREITUNGSZEIT: CA. 10 MIN.

Ich fülle Suppen einfach in alte Marmeladengläser, weil diese sich hervorragend verschließen lassen. Im Büro stelle ich die Gläser einfach in ein Wasserbad. Auf diese Weise erwärme ich meine Suppe.

Tomatensuppe

500 g geschälte Tomaten
aus der Dose
40 g Zwiebel
40 g Karotte
4 EL Tomatenmark
30 g Lauch
2 Knoblauchzehen
2 EL Olivenöl
1 EL Apfelsüße

1 TL Rotweinessig
1 Lorbeerblatt
Salz und Pfeffer
aus der Mühle

AUSSERDEM
½ Bund Basilikum

Karotten schälen. Zwiebel, Karotten, Knoblauch und Lauch in sehr feine Würfel schneiden. Olivenöl in einem Topf erhitzen, Zwiebeln, Karotten, Knoblauch und Lauch darin anlaufen lassen. Tomatenmark und Tomaten dazugeben, dann Lorbeerblatt, Salz, Pfeffer und Apfelsüße. Alles ca. 15 Minuten auf kleiner Flamme köcheln lassen. Lorbeerblatt entfernen und Tomatensuppe nicht zu fein mit einem Stabmixer pürieren. Mit Rotweinessig, Salz und Pfeffer abschmecken. Basilikum fein hacken und kurz vor dem Servieren auf die Suppe streuen.

ZUBEREITUNGSZEIT: CA. 15 MIN. / KOCHZEIT: CA. 15 MIN.

Ich finde Suppen mittags im Büro einfach genial. Sie sind ein leichtes Gericht, das man nach Lust und Laune variieren kann.

1,2 l Gemüsebrühe
500 g Topinambur
100 g Knollensellerie
100 ml Kokosmilch
50 g Zwiebel
3 EL Rapsöl
1 EL helles Weizenmehl
½ TL frisch geriebener Ingwer
½ TL gemahlener Kümmel
1 Msp. gemahlener Kardamom
1 Prise gemahlene Muskatnuss
Salz und Pfeffer aus der Mühle

AUSSERDEM
4 dünne Weiß-
brotscheiben
4 EL Olivenöl
etwas Kresse

Topinambur-Cremesuppe

Topinambur waschen, schälen und klein schneiden. Zwiebel fein hacken. Sellerie schälen und fein würfeln. Rapsöl in einem Topf erhitzen und Zwiebeln darin anlaufen lassen. Sellerie und Topinambur dazugeben und kurz mitbraten. Dann Mehl unterrühren und mit Gemüsebrühe auffüllen. Kümmel, Kardamom und Ingwer dazugeben und alles bei mittlerer Hitze ca. 20 Minuten köcheln lassen. Suppe mit einem Stabmixer fein pürieren, Kokosmilch unterrühren und mit Salz, Pfeffer und Muskatnuss abschmecken.

Olivenöl in einer Pfanne erhitzen und Weißbrot darin von beiden Seiten anbraten. Brot auf Küchenkrepp abtropfen lassen. Die Suppe in verschließbare Gläser abfüllen, vor dem Servieren erhitzen, mit Kresse garnieren und geröstetes Weißbrot dazu reichen.

ZUBEREITUNGSZEIT: CA. 15 MIN. / KOCHZEIT: CA. 20 MIN.

Tramezzini lassen sich vielseitig füllen und zum Beispiel auch in Sesam wälzen.

Tramezzini-röllchen

100 g veganer Frischkäse
(siehe S. 35)
6 grüne Spargelstangen
1 Fleischtomate
1 Handvoll Pflücksalat
2 Scheiben Tramezzinibrot
(Weißbrot, ca. 10 x 25 cm)
¼ TL Wasabipaste
Salz und Pfeffer
aus der Mühle

AUSSERDEM
Frischhaltefolie

Frischkäse mit Wasabipaste glatt rühren und mit Salz und Pfeffer abschmecken. Tomatenstrunk entfernen und Tomate in hauchdünne Scheiben schneiden. Spargel leicht schälen und der Länge nach in Scheiben schneiden. Spargelscheiben ca. 4 Minuten in leicht gesalzenem Wasser kochen. Aus dem Wasser heben und abschrecken. Tramezzini auf der Arbeitsfläche auf Frischhaltefolie auslegen und dünn mit Frischkäse bestreichen. Tomaten, Spargel und Salat darauf verteilen. Tramezzini zu Rollen formen, mit Frischhaltefolie fest verschließen und ca. 30 Minuten kalt stellen. Dann mit einem scharfen Messer in drei Teile schneiden und erneut in Folie oder Butterbrotpapier einschlagen.

ZUBEREITUNGSZEIT: CA. 15 MIN. / KÜHLZEIT: CA. 30 MIN.

Vietnamesische Frühlingsrollen sind
einer meiner absoluten Lieblingssnacks.
Das erste Mal habe ich diese Art der
Frühlingsrollen in einem vietnamesi-
schen Restaurant in Tokio gegessen.

Vietnamesische
Frühlingsrollen

FÜR DIE FRÜHLINGSROLLEN
100 g Tofu
50 g Glasnudeln
50 g Gurke
50 g Karotte
5 Blatt Eisbergsalat
16 Blatt rundes Reispapier

FÜR DIE SAUCE
4 EL Sojasauce
1 gehackte Knoblauchzehe

2 TL Apfelessig
1 TL Zucker
1 TL Limettensaft
½ gehackte Chilischote

AUSSERDEM
Frischhaltefolie

Glasnudeln mit kochendem Wasser überbrühen, kurz einweichen und gut abtropfen lassen. Tofu in ca. 3 mm dicke Streifen schneiden. Glasnudeln etwas zerkleinern. Gurke, Karotte und Eisbergsalat in feine Streifen schneiden. Heißes Wasser in eine große Schüssel oder eine Pfanne füllen. Ein Blatt Reispapier darin einweichen, bis es formbar wird. Aus dem Wasser nehmen und auf ein Stück Frischhaltefolie legen. In der Mitte des Reispapiers ein wenig Tofu, Glasnudeln, Karotten, Gurken und Eisbergsalat legen. Äußere Ränder in die Mitte schlagen, Frühlingsrolle von vorn aufrollen, fest in Frischhaltefolie einschlagen und kühl stellen. Mit restlichem Reispapier genauso verfahren.
Für die Sauce alle Zutaten vermengen und in Gläschen abfüllen.

ZUBEREITUNGSZEIT: CA. 15 MIN.

Wraps gibt es in verschieden Großen
und auch auf Vollkornbasis.
Schmecken Sie die Erbsencreme
auch einmal mit Minze ab.

Wraps mit Erbsencreme

4 Wraps
200 g Erbsen
100 g veganer Käse
1 Karotte
½ rote Paprika
1 Handvoll Pflücksalat
4 EL Sprossen
Salz und Pfeffer
aus der Mühle

AUSSERDEM
Butterbrotpapier und
Bindfaden

Erbsen in leicht gesalzenem Wasser kurz aufkochen lassen, dann kalt abschrecken. Mit Sojakäse mit einem Stabmixer fein pürieren und mit Salz und Pfeffer abschmecken. Karotte und entkernte Paprika in feine Streifen schneiden. Wraps auf der Arbeitsfläche auslegen und mit Erbsencreme bestreichen. Mit Karotten, Paprika, Sprossen und einigen Salatblättern belegen und Wraps einrollen. Wraps halbieren und in Butterbrotpapier einrollen und mit Bindfaden fixieren.

ZUBEREITUNGSZEIT: CA. 15 MIN.

Wraps mit Kichererbsenfüllung

150 g gekochte
Kichererbsen
50 g Karotte
50 g Gurke
40 g rote Zwiebel
4 EL Hummus
2 EL gehackter Koriander
20 g Eisbergsalat
4 Wraps
Saft von ½ Zitrone
Salz und Pfeffer
aus der Mühle

AUSSERDEM
Butterbrotpapier und
Bindfaden

Hummus und Kichererbsen vermengen und mit Zitronensaft, Koriander, Salz und Pfeffer abschmecken. Wraps aufba-
cken, dann auf der Arbeitsfläche auslegen und Kichererbsen
darauf verteilen. Karotte, Gurke, Zwiebel und Eisbergsalat in
feine Streifen schneiden und auf den Wraps verteilen. Wraps
am unteren Ende einschlagen, von der Seite her einrollen,
in Butterbrotpapier einschlagen und mit Bindfaden fixieren.

ZUBEREITUNGSZEIT: CA. 10 MIN.

Zur Zucchinipizza passt hervorragend Zaziki (siehe S. 39).

FÜR DEN DINKELTEIG
250 ml lauwarmes Wasser
200 g Dinkelvollkornmehl
200 g helles Weizenmehl
21 g frische Hefe
2 EL Olivenöl
1 TL Apfelsüße
½ TL Salz

Zucchinipizza

Hefe und Apfelsüße in Wasser auflösen. Beide Mehlsorten mit Salz vermengen. Wasser-Hefe-Mischung und Olivenöl dazugeben und alles in einer Küchenmaschine zu einem glatten Teig verarbeiten. Diesen zudecken und ca. 45 Minuten an einem warmen Ort gehen lassen. Anschließend noch einmal durchkneten und in 8 gleich große Stücke teilen. Teiglinge auf einer bemehlten Arbeitsfläche oval ausrollen.

FÜR DEN BELAG

120 ml Tomatensauce
100 g gelbe Zucchini
50 g Schalotten

Oregano
Salz und Pfeffer
aus der Mühle

Zucchini in ca. 3 mm dicke Scheiben schneiden. Schalotten in dünne Ringe schneiden. Teiglinge auf ein mit Backpapier belegtes Blech legen. Tomatensauce darauf verteilen, mit Zucchini und Schalotten belegen und mit Oregano bestreuen. Leicht salzen und mit etwas Pfeffer würzen. Pizza im vorgeheizten Ofen bei 180 °C ca. 20 Minuten backen.

ZUBEREITUNGSZEIT: CA. 15 MIN. / TEIGRUHEZEIT: CA. 45 MIN. /
BACKZEIT: CA. 20 MIN.

Für einen stärkeren Geschmack des Pestos ergänzen Sie es mit schwarzen Olivenringen oder gehackten Champignons.

Zucchinispaghetti mit Brennnesselpesto

300 g Zucchini
80 ml Walnussöl
50 g Pinienkerne
1 Bund Brennnesseln
1 Bund Petersilie
2 Knoblauchzehen
Saft von 1 Zitrone
1 Chilischote
Salz und Pfeffer
aus der Mühle

AUSSERDEM
4 Kirschtomaten
für die Garnitur

Für das Pesto Chili halbieren, entkernen und in feine Streifen schneiden. Brennnessel und Petersilie grob hacken. Knoblauch fein schneiden. Pinienkerne, Chili, Brennnesseln, Petersilie, Knoblauch mit Zitronensaft und Olivenöl mit einem Stabmixer fein pürieren.

Zucchini in feine Streifen schneiden, leicht salzen und ca. 20 Minuten ziehen lassen. Danach in einem Sieb gut abtropfen lassen. Mit Pesto mischen, in Gläser abfüllen und mit geviertelten Kirschtomaten garnieren.

ZUBEREITUNGSZEIT: CA. 15 MIN.

Rezeptregister von a-z

Die Rezepte von Roland Rauter machen Lust aufs Nachmachen und Ausprobieren. Nicht der Verzicht auf tierische Produkte oder deren Ersatz stehen bei ihm im Vordergrund, sondern das Entdecken der Vielfalt der veganen Ernährung.

Vegane Küche ist alles andere als langweilig

einfach vegan – genussvoll durch den
ISBN 978-3-8434-1055-7
€ 19,95 [D] / 20,60 [A]

einfach vegan – die süße Küche
ISBN 978-3-8434-1081-6
€ 19,95 [D] / 20,60 [A]

einfach vegan – draußen kochen
ISBN 978-3-8434-1105-9
€ 19,95 [D] / 20,60 [A]

Von Christstollen bis Zimtstern
Vegane Weihnachtsbäckerei
ISBN 978-3-8434-5056-0
€ 6,95 [D] / 7,20 [A]